梦启录

家教心语

独特的教育视野，崭新的教育理念，集思想性、指导性、实用性于一炉，多侧面帮助你破解家教难题

三笑 著

苏州大学出版社

图书在版编目(CIP)数据

家教心语 / 三笑著. —苏州：苏州大学出版社，2014.4
ISBN 978-7-5672-0817-9

Ⅰ.①家… Ⅱ.①三… Ⅲ.①家庭教育 Ⅳ.①G78

中国版本图书馆 CIP 数据核字(2014)第 054824 号

家教心语
三 笑 著
责任编辑 盛 莉

苏州大学出版社出版发行
(地址：苏州市十梓街 1 号 邮编：215006)
苏州恒久印务有限公司印装
(地址：苏州市友新路 28 号东侧 邮编：215128)

开本 787 mm×1 092 mm 1/32 印张 3.125 字数 46 千
2014 年 4 月第 1 版 2014 年 4 月第 1 次印刷
ISBN 978-7-5672-0817-9 定价：8.00 元

苏州大学版图书若有印装错误，本社负责调换
苏州大学出版社营销部 电话：0512-65225020
苏州大学出版社网址 http://www.sudapress.com

序

一部不可多得的家教新“宝典”

黄辛隐

如果说家庭教育的作品宛如一座大花园的话，三笑先生所著的《家教心语》就是这座大花园中很有特色的那一朵。

说特色，特色之一就在于选题。

家庭教育是个内涵十分宽泛的话题，众多的学者和研究者一直在探寻切入的视角。

《家教新语》有独特的视角。全书深入且深刻地思考当前家庭教育中出现的种种新情况、新问题，在认真筛选的基础上，从40多个侧面去破解“家教难”问题，而这40多个侧面又可以以关注孩子的人格修养为一根红线贯穿整本书的始终。这种既散又集中的视角很有特点，既能照顾到面，更能深入到点。例如，针对有些家庭偏重孩子文化知识培养，忽视人格、人品、道德教育的情况，它郑重地提出“让孩子学会做人比什么都重要”。要望子成“龙”，先望子成“人”。针对一些家长轻视孩子自理能力培养的状况，一针见血地指出：“许多父母说，现在孩子‘长不大’，其实不是孩子‘长不大’，而是家长不放心、不放手让他长大。”等等。《家教心语》有独特的教育观念、教育素养和思考力度。它是作者心血、思想、智慧和勇气的结晶。它提出问题，高屋建瓴，直面现实，亲切感人；它剖析问题，有理有据，层层深入，令人信服；它具有很强的思想性、指导性、实用性。因此，有理由相信，读了这本书，家长在家庭教育的大海之上始终心中有定位，手中有方向，脑中有目标，不但能提高家长育子水平，也能推动、激励家长自身成长。

说特色，特色之二就在于语言。

《家教心语》有独特的语言。全书有上千个条目，每一条中每句话都比较好地做到了观点鲜明，语言生动精练，读起来朗朗上口，听起来声声入耳。书中许多短语，堪称锦言绝句，有“文如美玉，自然天成；字似珍珠，晶莹圆润”之感。细细品来，回味无穷。只要你认真读进去，每次都会有新的收获，都会获得感动与欣喜。比如，在指出“父母溺爱孩子是害不是爱”问题时，书中这样写道：“甘愿父母为自己当牛马的儿女，连牛马都不如；甘愿为子女当牛马的父母，他们养活的将是一群牛马。”“如果现在父母把孩子当‘皇帝’，孩子将来就可能把父母当‘奴仆’。”短短几行文字，震撼人的心灵，令人深思，让人警醒！

说特色，特色之三就在于形式。

《家教心语》有独特的表达方式。全书选择的是格言体，这在众多的家庭教育的作品中是不多见的。格言体作品的创作，难度大，要求高。三笑先生作为一位饱经风雨的“老新闻”，他怀着关心教育，关爱下一代的赤诚之心，十几年如一日，呕心沥血，不断提炼和打磨，才创作出这部格言体的家庭教育的作品。

《家教心语》让人忍不住一览二看三再阅读，一念二想三再思考。一本好书，总是那么直接地和每个读者的心灵在对话，谱写着每个读者的一曲心灵之歌。

2014年1月2日

（黄辛隐，苏州大学教育学院教授、博士生导师）

写在前面

当今之中国，如果问及现在家庭中难念的“经”是什么，大概多数家长都会说，“孩子教育，尤其是小孩子的教育”。

的确，现在生活条件越来越好，社会发展对人才的要求越来越高，家庭教育的压力也越来越大。家教难，究竟难在哪里？如何破解它呢？

多年来，出于新闻工作者强烈的社会责任感和对社会热点问题的关心关注，我充分利用自身工作的条件，经常深入家庭、学校和有关部门，拜访了众多专家学者和近百位教师与家长，深入研究了有关青少年教育的论著和有关幼儿、少年家庭教育的问题，积累了大量鲜活的素材，经过长时间的筛选、概括、凝练，总结归纳出当前家教中44个值得重视和要迫切解决的问题，以谈话的形式与家长们交流、交心，想以此推动幼儿、少年“家教难”问题的解决。

本书分为四大部分：

一、要教育好孩子，家长就要不断提升自己。

二、让孩子学会做人比什么都重要。

三、教育孩子要从细微处入手，从点滴做起。

四、要有意识地培养孩子的想象能力。

家教是教育体系中的一个重要组成部分，有规律可循，但无模式可套，只有从实际、实效出发，与时俱进，不断推进、提升，才能培养出父母希望、社会需要的人才。本文提出的问题是家教中，特别是幼儿、少年家教中诸多问题的一部分，意在抛砖引玉，引起大家重视，推进问题解决。

需要说明的是，幼儿、少年教育涉及家庭、学校、社会等方方面面，本文侧重探讨了家庭教育中的一些问题，其他方面没有涉及。

本书定稿前，江苏省广电厅原副厅长、高级编辑、全国广电系统著名专家、学者韩泽先生，逐字逐句地精心帮助修改、指正，并对成书提出了许多宝贵的指导意见。本书定稿后，苏州大学教育学院教授、博士生导师黄辛隐老师，在百忙之中，挤出时间为本书作了序，并给了很多鼓励。在此，对他们的关心、支持和帮助表示深深的敬意、谢意。

三　笑

2014 年 2 月

Contents 目录

要教育好孩子，
家长就要不断提升自己

孩子最早的课桌是母亲的膝盖

◎ 家长应少用威严教训孩子，多用人格、形象影响和感染孩子。

◎ 孩子最早的课桌是母亲的膝盖，父母是孩子的第一任老师。

◎ 最能让孩子终身受益的不是家长的物质资产，而是他们的人格魅力。

◎ 家长首先要忧虑的不是孩子如何走稳走好，而是自身在做人上究竟能留给孩子多少。

◎ 孩子幼小的心灵像一张洁白的纸，家长的一言一行，会无声无息地“染印”在这张白纸上，终身都难以磨灭。

◎ 孩子是最先从父母的形象中看到人生的，父母如何做人会影响孩子的一生。

◎ 父母是孩子成长的一面镜子。

◎ 父母如果不对自身形象负责，就很难对孩子的成长负责。

◎ 父母不能跟孩子生活一辈子，但父母的人品、人格会影响孩子一辈子。

◎ 父母的一切活动为钱奋斗，钱就可能会充满孩子的一切活动。

◎ 父母心目中钱比天大，孩子心目中可能就天不如钱大。

◎ 父母现在的言行，可能成为孩子未来处世的范本。

◎ 良好的家教，是父母留给孩子最宝贵的财富。

家教难，千难万难难在父母自身

◎ 教育幼小的孩子，千难万难，难在年轻父母自身，他们中许多人不大懂得孩子，缺乏“育苗”的真功夫。

◎ 孩子的坏毛病不是天生的，往往是好心的父母

"惯"出来、"娇"出来、"宠"出来的，有些是父母身上的坏毛病传染过来的。对于这些，父母往往意识不到，甚至还不恰当地责难、训斥孩子。要端正孩子，父母先端正自己；要美好孩子，父母先美好自己。

◎ 父母在家中的一言一行，都会悄悄地印入孩子的心灵；父母生活中的点点滴滴，都会在孩子心中留下烙印。

◎ 父母的胸襟往往影响孩子的未来，孩子教育不从"小家"里跳出来，长大后他就难成为"大家"。

◎ 家长在关爱孩子身体、生活的同时，还要用心学习、研究，提升自己教育孩子的水平和能力，结合家庭和自身实际，采取培养和教育孩子的有效措施。不提升自己，难以提升孩子。

◎ 对于父母来说，千方百计养活孩子是重要的，千方百计教育好孩子更加重要，养活不好影响孩子身体健康成长，教育不好影响孩子成人成才。

◎ 说到孩子教育，许许多多父母为之犯愁。愁孩子不听话，愁孩子贪玩，愁孩子不好好学习。愁来愁去，主要是"愁孩子"，就是没"愁自己"。田野里禾苗长不好，精明的农民，首先考虑的是禾苗的水分足不足，肥力够不够，温度行不行，害虫有没有。孩子是我们家中的“苗苗”，家长的责任就是要给“苗苗”创造合适的生长环境，保证“苗苗”有适宜的生长条件，只要这方面工作做好了，“苗苗”一定会茁壮成长。到那时，父母就不必为之发愁了。

◎ 孩子心理、生理的变化是成长中必经的过程，家长要做好充分准备，认知并接受孩子的变化，在变化中不断提升自己的教育能力和水平。

◎ 家长要改变“一言堂”的做法，认真倾听孩子的想法，倾听后再告诉孩子自己是怎么看、怎么想的，在启发孩子的过程中引导和教育孩子，并及时地修正自己，这样才会事半功倍。

◎ 父母自我教育是影响孩子的最有效方法。

◎ 孩子的性格如何，几乎取决于父母的教育方式如何。

教育孩子没有固定模式可套

◎ 对孩子要少用嘴，多用心；宜细不宜粗；宜实不宜虚；宜亲不宜疏。

◎ 教育孩子有经验可学，有规律可循，但绝无模式可套。必须因时因地因人而异，一把钥匙开一把锁。

◎ 家长的教育意图越明显，教育的效果就越差。父母对孩子说话尽量不要用“命令”“必须”的口气，而要通过“商量”“启发”来教育孩子。

◎ 盲目地攀比，不适当地奖励，过分地夸奖，轻率地表扬，都会助长孩子的虚荣心。虚荣心是一种扭曲了的自尊心，对孩子成长不利。

◎ 家长尊重孩子、理解孩子，做人做事能以身作则，本身就是孩子学习的最好教材、最好课堂。

◎ 父母的最大责任是帮助孩子成长，而孩子的成长最根本的动力是“内生”而不是“外援”。

◎ 做父母的千般呵护孩子，不如教给孩子自我保护的知识和本领。

◎ 教育就是一个求真的过程，要陶冶人的情操，美化人的心灵，培养人在社会上生存的本领，以科学务实的态度对待社会和自然。

◎ 父母千万不要以为批评孩子时，自己的表情、目光、语调无所谓，只要出于好心就够了。实际上，在很多时候，孩子拒绝的不是批评本身，正是父母批评的方式和态度。

◎ 父母批评孩子时，不是嗓门越高效果就越好，事实上结果往往相反。对孩子大喊大叫，丝毫不能让孩子感受到父母的尊严，还会对父母的形象产生负面影响。

只要功夫到，没有教育不好的孩子

◎ 只要你对孩子倾心，孩子就会对你倾诉。父母要想孩子听话，一定要用心打开孩子心灵的窗户。

◎ 没有教育不好的孩子，只有不会教育的家长。

◎ 对孩子的管理要松紧有度。太紧，孩子成了笼中的“鸟”；太松，孩子成了脱缰的“马”。

◎ 父母养活好孩子困难，教育好孩子加倍困难。

◎ 孩子的兴趣爱好可以发现、引导、培养，但绝对不要硬性划定，硬性划定往往适得其反，劳而无功。

◎ 父母对孩子无私地付出爱，是应尽的责任；父母让孩子清楚地懂得爱、珍惜爱，同样是应尽的责任。可惜的是，许许多多父母重视了前者，忽视了后者，致使许许多多的爱付之东流。

◎ 孩子会因为父母爱得不够而痛苦，也会因为父母爱得过分而痛苦。消除痛苦的最好办法，是父母对子女要科学地爱，爱得要科学。

◎ 给孩子温暖、温馨，父母一般都能做到，但要给孩子智慧、思想、品格、能力、胆识，往往让许多父母犯愁。正因为在这方面没有大的突破，所以现在孩子的家庭教育，父母需要在这方面付出更多的心血、辛劳和智慧。

◎ 对孩子来讲，武力惩罚并不能解决问题，在父母的拳头下孩子的自尊心会被打得粉碎，从而对所有的批评都听不进去，更为可怕的是，在父母这一粗暴行为的影响下，孩子今后与人发生冲突时，也会动不动就举起拳头。

◎ 对孩子絮絮叨叨，批评缺乏新鲜感，孩子听烦了，就会把批评当耳边风，从内心产生抵触，甚至有意无意地对着干。

学会用爱的智慧提升孩子

◎ 给予孩子爱，是父母们都能做到的事，但给予孩子良好的教育，却是摆在父母们面前的一道难题，要突破这道难题，不付出相当的心血，提升自己的智慧和素养是不行的。

◎ 父母都爱孩子，但未必都会爱孩子；父母都想教育好孩子，但未必都能把孩子教育好。

◎ 爱的火热，可以温暖孩子；爱的奉献，可以震撼孩子；爱的智慧，可以提升孩子；爱的思想，可以指引孩子。给孩子温暖、温馨和甜蜜是爱，给孩子智慧、思想和品格也是爱，而且是更重要的爱。

◎ 每个孩子都像一粒种子，只要父母用心培育，并增强对他们的理解、信任，他们就能勇敢地冲出“泥沙”，茁壮成长。

◎ 教育，要细心再细心，耐心再耐心。

对孩子关爱要有度

◎ 你给孩子的路铺得太平坦，他的人生就难走好；你给孩子的生活想得太周全，他以后就会活得很“艰难”；你对孩子念叨得太絮繁，他就会从心里烦。生活，是孩子的生活；人生，是孩子的人生。做父母的应该明白：水满则溢，物极必反。

◎ 一个人对“拐杖”依赖太多，行动就难有自由。

◎ 自立自强，不仅是一种精神，而且是一种尊严。

◎ 甘愿父母为自己当牛马的儿女，连牛马都不如；甘愿为子女当牛马的父母，他们养活的将是一群牛马。

◎ 如果现在父母把孩子当"皇帝",孩子将来就可能把父母当"奴仆"。

◎ 儿女自有儿女福,父母不要当牛马。如若父母当牛马,儿女未来难有福。

◎ 父母对孩子要关爱有度。恩过无恩,情极无情,物极必反。

◎ 父母一定要给孩子自由独立的空间,否则孩子的幼嫩心灵就会受到沉重的压抑。

◎ 现在孩子的不少坏习惯,是家长给他们许许多多"特殊关怀""特殊优待"造成的。好心的父母们应该想到,因为太"宝贝"孩子,才给他过多的"特殊照顾";因为过多的"特殊照顾",才惯坏了"宝贝"孩子。

◎ 现在孩子的问题,原因往往不在孩子而在父母。不是因为父母对孩子爱得太少,而是因为父母对孩子爱得太过。

◎ 父母对孩子的爱应该是无私而伟大的,更应该是科学而理智的。爱,要讲究艺术,讲究策略,更要讲究效果。

◎ 现在许多家庭,小宝宝吃饭,要"哄"着吃,"骗"着吃,"劝"着吃,"嚷"着吃,这种做法实属无奈。但好心的父母想过没有？这饭，孩子吃了滋养了身体，也"滋长"了他的不良的生活习惯和不良的性格脾气啊。如何让宝宝吃好饭，也有许多讲究和学问。

◎ 过度付出爱的人，有可能过度苛求对方。过度的爱和爱得过度，往往双方都是痛苦的，甚至会伤痕累累。当父母的应当清楚这一点。

◎ "一切为了孩子，一切献给孩子，为了孩子不顾一切。"父母对孩子的这种爱心是无比可贵的，但也是值得深思的。爱，需要牺牲和奉献，但如果不讲科学，不计后果，爱往往会变成害。

◎ 父母对孩子的保护过于厚重，孩子就难以健康成长。

◎ 你可以让孩子住上别墅，但不能保证他住进去就快乐；你可以给孩子好的岗位，但无法让他一定有成就；你可以给孩子巨额的资产，但不能保证他永远富有。

教育要讲究方法，讲究艺术

◎ 不从成人教育的模式中彻底走出来，年轻父母们无法搞好少儿教育。

◎ 少儿教育要在快乐中播种，在快乐中收获，在润物细无声中下功夫，在点点滴滴中见效果。

◎ 在快乐中进行，在嬉闹中提升，在亲昵中加强，在不知不觉中实现，这是少儿教育的有效方法和途径。

◎ 可以用关爱孩子的方法关爱老人，但不能用批评大人的方法批评孩子。要努力让少儿在高兴中懂事，在嬉闹中觉悟。

◎ 父母在小孩子面前动辄耍权威，不但是“无知”，而且是“无能”。耍权威会无形之中伤害孩子稚嫩的心灵。权威往往是压在孩子心头的一块石头。

◎ 对孩子要多引导，少批评；多提醒，少指责。

◎ 如果你简单粗暴地对待孩子，孩子将来很可能用同样的方法对待你，对待他人，对待生活，对待人生。

◎ 没有规矩，不成方圆；只有规矩，也难成方圆。人才培养，要靠外在压力，更要靠内在动力。

◎ 对孩子，奖励不能成为枷锁，批评不能成为棍棒，荣誉不能成为追求，关爱不能成为砝码。

◎ 恩惠要自薄而厚，威严要先紧后宽。对少儿尤其要这样做。

◎ 少儿教育一定要坚持"四励四导"。四励：激励、勉励、鼓励、奖励。四导：教导、指导、引导、诱导。

◎ 及时、正确、适度的夸奖和鼓励是激励儿童上进的强大动力。

◎ 不恰当的鼓励和批评，都可能导致孩子撒谎。小孩子撒谎，原因大多和大人有关。

◎ 做父母的要学会遵循孩子的天性和成长心理教育孩子。对孩子的教育要施行科学的理念和方法。

◎ 因材施教，因人施教，因情施教，因事施教。

◎ 孩子学习成绩好，家长表扬要适度，奖励要以精神鼓励为主，物质奖赏太重会带来不良影响。

◎ 孩子考试考得好，该不该给物质奖励？该给什么奖励？用什么方法给？物质奖励是一把双刃剑，用得得当，可以激励孩子；把握不好，则容易变成“交换”，不仅影响孩子的正确价值观的建立，还让家长的一片苦心付诸东流。奖励孩子是一门艺术，物质奖励可以因人而异去奖，但精神鼓励同样重要。

“育苗”，要学会在快乐中“播种”，在快乐中“收获”

◎ 要想成就天才，先成就孩子的快乐与兴趣。没有快乐和兴趣，几乎就没有天才。当然，只有快乐和兴趣，没有艰苦卓绝的奋斗、奉献，也没有成就、成功。

◎ 世上所有辉煌的成就都是在快乐追求与艰苦奋斗中取得的。

◎ 快乐能带来兴趣、热情、动力、追求，离开快乐和奋斗，人生许多事情都无法完成。

◎ 你不给孩子快乐和兴趣，就意味着夺去了他的希望和成功。

◎ 没有快乐和兴趣，没有始终如一的追求和奋斗，几乎就没有成功。

◎ 孩子没有快乐就没有童年。在孩子的童年时代，教育的所有活动都应围绕快乐展开，在快乐中“播种”，在快乐中“收获”。不懂得这一点就是不懂得少年教育。

◎ 让孩子快乐地生活，快乐地学习，快乐地成长，这应该成为父母最最重要的责任。这种快乐，既包含甜蜜中的“乐”，也包含痛苦中的“乐”；既包含顺境中的“乐”，也包含逆境中的“乐”。这种快乐，是努力奋进的力量、勇气和信心。

◎ 父母和孩子交流，只有双方都完全忘掉自己的身份的时候，方法才算最佳，效果才会最好。

◎ 父母教育孩子时，千万不要亮身份，摆架势，你和孩子的心理距离越大，教育效果就越差。

◎ 父母和孩子首先要成为合格的好朋友，然后才能成为合格的好师生。

◎ 教育者的快乐是被教育者快乐的快乐，教育者的成功是被教育者成功的成功。

◎ 家教的第一责任是构筑好孩子心上的“乐园”。

◎ 能在孩子心中建起“乐园”的父母，一定是出色的父母。

◎ 父母如果用成人世界的规则和方法对待自己的孩子，就一定会有意无意地剥夺了孩子快乐的时光。

◎ 不管是多大的孩子，都需要父母的鼓励，都需要父母的呵护，都需要阳光和雨露的滋润。对于孩子的成长，不能急躁，要耐住性子等待，需要慢慢来。

孩子教育要“润物细无声”

◎ 对孩子的培养和教育一定要精心、细心，一丝马虎与疏漏，都可能对幼小的心灵造成无意的伤害。

◎ 过早地锁定孩子的成长模式，等于把小鸟装进笼子。

◎ 家长对孩子一定要激励、鼓励、勉励，多引导、疏导、指导，绝对不能动不动就指责、训斥。

◎ 教育孩子，父母的榜样作用很重要，父母的言行是孩子无字的课本。

◎ 孩子往往好奇、好问、好动，家长抓住孩子“奇、问、动”的机会培育孩子，使他们长知识、长技能、长觉悟，是至关重要的。

◎ 孩子的成长，不能只靠“规矩”去约束，而要靠“智慧”去放飞，靠“雨露”去滋润。

◎ 培养孩子花钱是必要的，但更要花精力、花心血、花感情，否则，钱花得再多也收不到良好的效果。

◎ 父母要在物质生活上给孩子温暖，更要在精神生活上给孩子温馨。

◎ 餐桌是孩子成长的好课堂。在吃饭过程中，让孩子懂得一粒米、一勺汤、一口菜的珍贵，让孩子学会尊老敬老，让孩子做到好东西大家共同分享，等等。不要小看这些点点滴滴，它对培养孩子成长、成人十分重要。

◎ 认真对待和回答孩子的每一次提问，是对孩子求知欲的直接保护。而回答得正确、得体与否，就取决于长辈的境界与水平了。

◎ 要求父母们都成为孩子优秀的老师不现实，但都成为孩子的知心朋友应该能够做到，如果这一点做不到，孩子的教育会举步维艰，难以奏效。

◎ 教育无小事。教育应从细节入手。父母的溺爱导致孩子养成了很多不良习惯，这些不良习惯又使得父母倍感焦急。孩子的良好习惯是在生活的细节中培养起来的,生活细节无处不在,父母教育孩子要时时处处留心,在细节上做好文章。

◎ 心平气和地批评孩子,有助于保持良好的亲子关系,也能达到批评的目的。

◎ 教育是一门学问,更是一门艺术。

不能在孩子面前说一套做一套

◎ 家长对孩子严一分,对自己就要严十分。家庭生活就是孩子的课堂,父母的言行就是孩子的课本。

◎ 如何培养好孩子,一直是许多家庭难念的“经”。“经”究竟难念在哪儿? 许多父母也许没有意识到:千难万难,主要难在自己。难在自己的能力不足和榜样力量欠缺。

◎ 大人的言行是孩子的教材;孩子的言行常有大人的影子。

◎ 父母如果自己爱学习，孩子会在父母的影响下也爱学习；父母如果自己学习不认真，却去批评孩子的学习，孩子就很难信服。

◎ 孩子教育，要少抽象、多具体，少用言、多用行。

◎ 家长在小孩子面前，不能言行两张皮，说一套做一套，表里不一。

◎ 父母言行不一对孩子的负面影响很大。一是会降低父母在孩子心目中的可信度，降低孩子对父母的信任度。二是父母说话不兑现，孩子会下意识地效仿，养成信口开河、说话不负责任的不良习惯。

生长环境和家庭氛围是孩子无字的课本

◎ 家长教育孩子的基本功在哪里？在“熏陶”。家长要用“心”熏陶孩子，用“行”熏陶孩子，用“情”熏陶孩子，用“德”熏陶孩子，用“智”熏陶孩子，让孩子在家庭生活这个无形的课堂上，学会生活，读懂人生。如果家长自己没有那么完美，怎么办？就得与孩子一起成长。

◎ 生长环境和家庭氛围是孩子无字的课本，它时刻都在“染”“润”着孩子的心灵，家长不但要重视孩子手中看得见的课本，也要重视孩子周围看不见的课本。

◎ 当父母的要善于欣赏孩子的优点和长处，给孩子充分的理解和关爱；学会与孩子平等交流，细心地倾听孩子的心声和诉求。这样，与孩子交流起来一定会亲切融洽，水到渠成。

◎ 教育是一种爱，爱也是一种教育。爱的教育要“情”化，“德”化，更要“理”化。只有这样，才能让爱得以升华。

◎ 父母只有成为孩子最好的朋友，才有可能成为孩子最好的老师。

◎ 父母教育孩子，辈分观念越淡，学习效果会越好。

◎ 只有父母和孩子心理位置处于同一水平线时，教育孩子的效果才会最好。

◎ 家长要先当好孩子的朋友，后当孩子的老师，当朋友一样的老师，这样教育才能事半功倍。

◎ 师生之间，父子之间，如果没有真正的平等意识，就不会有优良的教育效果。

◎ 教育手段自然无痕，这样的教育才是最美的教育，才称得上真正的教育。

◎ 在许多家庭中，家长对孩子确实是用心了，但往往没有用对地方，主要是以管教为主，处处充满痕迹深重的干涉，孩子能体会到的多半是强制力，而不是教育。

父母不懂得孩子的心，孩子就难听父母的话

◎ 孩子不听话，往往问题在孩子，责任在家长。家长不懂得孩子的心，孩子就难听父母的话。

◎ 家长要孩子听话，首先要懂得孩子。讲什么话，在什么时候讲，用什么方法讲，讲了如何让孩子想听、爱听、听进去、记得住，等等，都是一门学问，都要用心去研究。

◎ 让孩子乖乖听从父母不容易，让父母认真倾听孩子更难。

◎ 子女理解父母的火热心肠很重要，父母懂得孩子

的纯洁心灵更加重要。好些时候父母污染了孩子而不自知！

◎ 不理解父母难以尊重父母，不懂得孩子难以教育孩子。

◎ 不真正懂得“苗苗”，就无法培育“苗苗”；不真正理解“园丁”，就无法报答“园丁”。

◎ 父母与子女两代之间的“鸿沟”很大程度上是成熟与成长之间的差异造成的。不能以成熟要求成长，也不能以成长抵制成熟。成熟与成长的平衡点在于相互间的理解与尊重。

◎ 教育的最大难题是教育者要真正懂得被教育者，尊重被教育者。

◎ 父母一定要把自己放在孩子的位置上，才能理解孩子，处理好孩子的问题。不知孩子的心，难纠孩子的错；不懂孩子的情，难得孩子的乐；不了解孩子的苦，难解孩子的烦。

◎ 父母懂得孩子的心，孩子会很快乐。孩子理解父母的心，父母会很幸福。

◎ 一代人有一代人的追求，一代人有一代人的思想，一代人有一代人的幸福。即便亲骨肉也无法相互制约与替代。做父母的要开朗，要理解，不要强求，按自己的模式塑造后代。

◎ 对孩子不理解难以教育，不尊重难以沟通，不关爱难以融合。

◎ 孩子虽然年龄小，但心中也有不愿意让他人知道的事情，这些就是孩子的隐私。明智的父母要学会尊重和保护孩子的小秘密。不要私闯孩子的"小天地"，不要拿以往的错误罚孩子。

◎ 为了孩子，父母拼命挣钱，可以理解，但绝不能为了挣钱而丢下孩子不管，如果那样，挣得再多的钱，也换不回孩子成长中的损失。

◎ 家长无论怎么忙，都一定要挤出时间和孩子多在一起玩乐，一起生活，亲近孩子，熟悉和了解孩子。情深耳顺，情浅耳钝。父母与孩子之间感情不深，对孩子不熟悉、不了解，教育无的放矢，就难有好的效果。

◎ 每位父母都应努力做到经常挤出些时间给孩子多讲些故事，童年时代的孩子特别爱听故事，父母给孩子讲故事，能够有效地开发孩子的智力，这是孩子重要而理想的课堂。

◎ 孩子除了物质需求外，还有被大人尊重、理解、认可等方面的精神需求。所以家长对孩子要采取物质奖励与精神嘉奖并举的方法，才符合孩子成长的心理特征。

◎ 孩子为什么不愿和父母交流？往往因为父母不会倾听孩子。倾听便是与之分担、分享，这样才能走进孩子的心。

◎ 有些父母怕影响孩子学习，不愿与孩子闲聊交流。因此，有意无意地疏远了孩子。孩子学习固然很重要，但更为重要的是要守护住孩子独一无二的稍纵即逝的成长过程，在这个过程中给他一个自由、快乐的空间。这是非常重要的心灵守护。

让孩子学会做人比什么都重要

要望子成“龙”，先望子成“人”

◎ 家长应教育孩子，不要在吃、穿、用上讲究高档次，而要在如何做人做事上追求高层次。

◎ 给孩子买一件高档用品会让他高兴一阵子，让孩子懂得一个人生道理，可能影响他一辈子。

◎ 父母给儿女留下金钱和物质，孩子可以快乐“一阵子”；父母给儿女留下人品和人格，孩子可以享用“一辈子”。

◎ 人生的真正精彩在“人”字上，人生的真正财富也在“人”字上。

◎ 让孩子懂得生存的价值观，比给他们金钱更重要。

◎ 要望子成“龙”，先望子成“人”，成“人”比成“龙”更重要，更实际。

◎ 父母教育孩子，最重要的就是教他好好做人，只要这一条做好了，就算尽了最大责任。

◎ 孩子从小最应该看到的是父母如何做人，父母老了最应该看到的是孩子已经成人。

◎ 父母给孩子一块金砖，不如让他真正懂得一个人生哲理。

◎ 为了让孩子成为家中的“宝”，一定要让他懂得孝敬家中的“老”。不懂得孝敬老人的孩子难成“宝”。

◎ 人生，真正值得你珍藏的财富是健康和快乐，真正能让你站立起来的力量是人格和人品。

◎ 儿女对父母孝敬，在很大程度上应该是心灵上的“笑”敬，或者说是敬“笑”。让父母心里快乐比什么都重要。

◎ 有人说，生一个忘恩负义的孩子，还不如养一条通人性的狗。话说得有些难听，但它从一个侧面警醒人们：让孩子好好做人多么重要啊。

◎ 父母教育子女，许多话可以不说，但有一句话一定要说，要反复说，说一辈子，“要好好做人”。

◎ 养育好一个孝子，胜过百万家私。

◎ 父母教育孩子，如果不在如何做人上下功夫，在其他方面功夫下得再多也是徒劳，在其他方面钱花得再多也是白费。

◎ 教子“八之”:俭中有富,富则俭之;险中有安,安则险之;民中有官,官则民之;贱中有贵,贵则贱之;凡中有杰,杰则凡之;苦中有乐,乐则苦之;曲中有顺,顺则曲之;疏中有亲,亲则疏之。

◎ 当父母的一定要让孩子明白,人生所有成功,归根到底是做人的成功;人生所有失败,归根究底是做人的失败;人成功成,人败功败;古今中外,概莫能外。

品德和健康是孩子成长的关键

◎ 一位伟人如果能够在人民大众心目中永远屹立,首先是因为他的道德力量强大。

◎ 为了孩子成长,家长要在许多方面尽心尽责,但最要尽心尽责的主要有两点:一是孩子的健康,二是孩子的品德。有了这两点,其他没有今后也会有;缺了这两点,其他有也等于没有。

◎ 诚实是一种智慧，智慧本身也是一种诚实。

◎ 孩子养成一个好的品德，胜过修几个优秀的学分。

◎ 只要孩子品质好，身体好，不愁他们长大没饭吃。

◎ 家福从“孝”起，业兴靠心齐。

◎ 儿女让父母欢心，胜过给父母黄金。

◎ 品德和健康是孩子成长的最重要基础，这个基础打牢了，其他问题就不难解决。

◎ 父母要千方百计教育孩子，让他从小就懂得：孝，是天下第一美德；感恩，是人生的第一责任。

◎ 事业是银，父母是金，故土是根。

◎ 如果孩子能真正懂得“伟大的成功首先不是才智而是人格”这一真理，他会一生无忧。

◎ 孝，是天下第一美德。一个道德缺失的家庭，即便住进宫殿，也没有迷人的光彩；一个道德缺失的人，即便是亿万富翁，也算不上成功。

◎ 如果父母省吃俭用，而孩子却大手大脚，铺张浪费，那就是家教中的一个失败。

◎ 称职的老师培育学子，人格引路；优秀的父母疼爱子女，德育在先。

◎ 父母要重视孩子身体上的冷暖,更要重视孩子心灵上的冷暖。要重视孩子生活上的营养,更要重视孩子精神上的营养。

◎ 父母要留给孩子的东西很多,但最重要的是留给孩子正确对待生活的态度和对待困难的精神,他们只要真正拥有这些,就会一生无忧。

要教育孩子知道感恩和责任

◎ 不忘恩负义,知道感恩,懂得责任,是一个人最珍贵的品德,父母必须让这些观念从小就在孩子的头脑里扎根,使之成为他成长的行动指南。

◎ 教育的第一责任,就是让受教育者懂得人生,珍惜人生,不失责,不忘恩,如果这一任务不完成,就是最大的失误。

◎ 父母一定要让孩子牢记人生的三个不能愧对:不能愧对老天,不能愧对祖宗,不能愧对恩师。

◎ 教育孩子知道感恩、懂得责任并不容易，但它是人生的安全所在，价值所在，希望所在。

◎ 人生的路很长，但关键只有几步。

◎ 人生有许多岔路口，在岔路口上的决断，往往影响人的一生。父母应是孩子人生道路上的把关人。

◎ 父母教育孩子千条万条，其中最最重要的一条是让孩子永远不要丢根忘本。

◎ 孩子是否懂得感恩和责任，是检验家庭教育成功与否的重要标志。

◎ 社会财富越丰富，生活条件越好，越要加强对孩子的感恩教育和责任教育。

不能让孩子输在“起跑线”上

◎ 少年得志不如大器晚成。

◎ 家长给孩子在“起跑线”上的压力越大，对孩子的期望值越高，就越不利于孩子的健康成长。

◎ 孩子在“起跑线”上的输赢，并不能决定孩子人生的输赢。

◎ 孩子人生“起跑线”的定位，主要不在于知识和技能，而在于品德和健康。

◎ 孩子学习文化知识不是越多越好，而是学得越快乐、越有兴趣越好。

◎ 孩子的成功，应该在快乐和兴趣中获得。硬逼着孩子在痛苦中学习，有时不是疼爱而是伤害。

◎ 孩子要有知识，还要有见识，更要有胆识。

◎ 年轻父母一定要当心，不要让孩子在自己最好的动机下，养成坏的习惯，带来不良的后果。

◎ 家长不应只在意孩子眼前的考试分数，更应关注孩子的生命成长历程。

◎ 努力学习是孩子应基本做到的，家长不能在孩子缺乏学习动力的时候还一味用物质作为奖励。考试没取得应有的成绩，就应当让孩子接受自身行为带来的后果，承担生命里应有的痛苦和挫折，这样对孩子成长成熟有好处。

培养孩子诚实守信

◎ 失信和失足一样可怕。

◎ 诚实,是孩子健康人格的最重要方面。

◎ 每个父母都望子成龙,虽然不可能每个孩子都成为杰出人才,但应该让每个孩子都成为人格健全的人。

◎ 真,是立身之本;诚,是处事之魂。

◎ 建立人格的第一步是“信”,建立人格的最后一步仍然是“信”。“信”是人格的生命线。父母如果希望儿女有成功的人生,一定要把“诚信”二字铸进孩子的心灵。

◎ 有的父母为了哄孩子好好学习,会随口给出承诺,结果又忘了,但是孩子往往会记住。这样的“空头支票”会伤害孩子对父母的信任感和对诚信的理解。因此,家长对孩子要慎许诺言,言而有信。

对孩子的希望和要求不要好高骛远

◎ 对孩子的教育和要求，要从实际出发，按规律办事，不能拔苗助长，异想天开。

◎ 家长一定不要以损毁孩子的健康和快乐为代价，让孩子去追求所谓的辉煌和成才，因为那不是“爱”孩子，而是“害”孩子。

◎ 对孩子的希望和要求，一定要从实际出发，不要好高骛远，盲目攀比。好高骛远的结果往往是失望大于希望。

◎ 孩子应该有自己的人生梦想，不应该成为父母追梦的替代品。

◎ 父母千万不要用自己的价值观去绘制孩子的人生图景。硬按着牛头喝水是愚蠢的。

◎ 为了给祖宗添光彩，也为了满足自己的虚荣心，有的父母常常按照自己的意志给孩子指方向，定坐标，逼着孩子在痛苦中“翻山越岭”。

◎ 不是所有孩子都能成为郎朗，但所有孩子都应像郎朗一样努力。

◎ 在自己的最好状态下，获得自己的最好成绩，这应该是你的孩子最完美的追求。

◎ 你的孩子最好的成绩单就是明天总比今天好。

引导孩子从平常、平凡的小事情做起

◎ 家长应该明白，孩子每一步都迈得扎实而有意义，每一刻都活在健康和快乐之中，就足够了。

◎ “平凡、平常、平实”是孩子人生起跑的基点，也是未来人生大厦的基石，父母一定要让孩子从小就懂得并牢记这一点。

◎ 人，不一定活得大富大贵、大红大紫，但一定要活得扎扎实实、平平安安、快快乐乐。

◎ 家长不要对孩子寄予过高的期望，一定要从孩子的实际情况出发，对孩子提出恰当的要求。过高的期望，对孩子、对家长都意味着要承受过大的压力和过多的痛苦，弄不好期望就可能变为失望。

◎ 在人生的起跑线上，每一个孩子都应该夺得自己必须拥有的"三块金牌"。第一块金牌是健康的身体，第二块金牌是良好的品德，第三块金牌是一定的文化知识素养。这"三块金牌"顺序不能颠倒，要求不能缺失。

◎ 现在每个家庭孩子少了，孩子也就显得更金贵了，全家人"众星拱月"，把孩子的位置放得很高，对孩子的希望、要求也很多，管理不得法，不择法，甚至没有法，凭着感觉走，弄得孩子苦，家长累，希望往往变成失望。

◎ 做家长的最好办法，就是将孩子"设置"为普通人好好养大。对于大多数人来说，能好好做一个普通人，过平凡生活，还拥有快乐，这就是人生最最重要的本领。

教育孩子不要害怕困难、挫折和失败

◎ 家长要教育孩子树立正面思考人生的态度，懂得感恩、懂得责任，对挫折、困难、失败，甚至灾难，要敢于面对，敢于斗争。

◎ 人生，没有挫折和失败，就难有觉悟和成功，也谈不上前进和进步。这一点，家长一定要反复给孩子讲清楚，让它在孩子的思想和行动上扎根。

◎ 赛场上的比赛，是参赛者体能和技能的比赛，更是他们意志和精神的比赛，后者比前者更加重要。人生也是竞技场，父母培养孩子，一定要特别注重意志、品格和精神的培养，因为这是他们决胜千里的最重要保证。

◎ 做父母的必须明白，不亲历艰难曲折，人生许多道理很难读懂，人生的智慧也很难获得，艰难曲折是人生的必修课。能否成功就看你在这堂课上的得分。曲折是人生不可缺的“磨刀石”。

要教育孩子敢于认错，勇于改错

◎ 对于孩子的要求，不是不犯错误，而是懂得错误，避免错误。真正懂得了错误，避免了错误，就等于收获了成功。

◎ 教育孩子懂得错误比懂得成功更实际、更有必要。不懂得错误就难懂得成功，也不会成功。

◎ 欣赏孩子不只是赞赏他的优点、长处，还应包括正确地看待他的缺点和不足。

◎ 自觉、自律、自理、自强，这“四自”对孩子人格和品格培养至关重要，缺乏这“四自”，人生就难有成功。

◎ 没有不犯错误的孩子，只有不尽心尽责的家长。

◎ 孩子做好事，家长对他鼓励、表扬很重要；孩子做错事，家长用心引导、帮助更加重要。原因是孩子做好事往往是“学”来的成绩，而做错事往往是“闯”中的失误，有意识地培养孩子的“闯”劲，对培养孩子独立自主的精神和好动手、好奇、好学的良好习惯有特殊的意义和作用。

◎ 家长要鼓励和引导孩子学好事、做好事，更要支持和鼓励孩子勇于担当，不怕挫折，独立做事。

不能把孩子惯成家中的“小霸王”

◎ 父母应该给孩子尽可能多的爱，但孩子不能成为家庭中关爱的唯一对象和中心，一旦成为唯一对象和中心，高尚无私的爱就会在孩子的心目中失去它应有的价值和光彩。久而久之，孩子可能因此不懂得爱，也不会爱，甚至失去爱。

◎ 要想自己的孩子能成为未来社会的“主人”，就一定不要把他惯成家中的“小霸王”。

◎ 父母在时时为孩子着想的同时，一定要启发和引导孩子也要为父母着想、为他人着想、为家庭着想，这样孩子就会在被爱中学会爱人。这样,父母与子女相互的爱就一定会绽放出美丽的光彩。

◎ 孩子无理取闹往往是父母的不当教育方式造成的。由于父母过分溺爱和袒护孩子,对孩子不恰当的要求,往往无条件答应,这就在无形之中助长孩子无理占三分的毛病。

◎ 父母如果娇惯孩子,就要做到两个“想一想”。一想,孩子现在在家里很“宝贝”,家中一切都围绕着他转,他是家中这座宝塔的“塔尖”。如果他走出家门,人家还会“宝贝”他么?还会把他当“塔尖”么?这样一来,他能不失落、不痛苦么?二想,孩子现在在家衣、食、住、行,一切的一切都由大人一手安排好,一点不用他操心,也不让他操心!将来他开始自己的生活,走向社会,到了新环境,还能有这种条件、这种待遇么?如果没有,他怎么生活?怎么适应?

◎ 家庭教育应该以帮助培养孩子进入社会独立自主生活的能力为目标。过于娇惯、疼爱孩子,恰恰背离了这一目标。家长应该清醒地认识到这一点。

◎ 如果父母总是当孩子的“拐杖”,时间长了,孩子就不会自己“走路”了。帮扶适当,关爱有度,很重要。

教育孩子要从细微处入手，从点滴做起

重视培养孩子自理自强的能力

◎ 孩子未来的幸福不能靠家长给予，而应靠孩子自身去创造。给予的幸福会像初春的雪花，创造的幸福才是深秋的果实。

◎ 孩子自理自强的能力，比他的专长、奖状更重要；孩子入群、爱群、乐群的品质比他的学分更值钱。

◎ 家长要教育孩子，只要勇敢前行，前面总会有路。世上的路都是人走出来的。你不走，有路也没路；你走，没路也有路。

◎ 家长要让孩子明白，只有自强自立的人，才有轻松和自由。

◎ 即便风调雨顺，无根的苗也结不了果。即便莺歌燕舞，无翅的鸟也飞不起来。父母要让孩子懂得，只有自强不息，人生的路才能走好。

◎ 家长总是陪着孩子写作业不是好事，经常陪孩子做作业是对儿童自制力的消磨和伤害。从孩子的内心讲，他是不希望学习时身边有“监工”的。“教育的对立面是操纵”，这是至理名言。

◎ 一个任性的家长，是难以培养出一个不任性的孩子的。

◎ 父母一定要让孩子明白这样一个真理：艰难困苦，玉汝于成。

◎ 父母要让孩子懂得，不弄懂小道理，难弄懂大道理；不做好小事情，难成就大事业。

◎ 孩子对家庭依赖越多，将来风险越大，自由越少。

◎ 孩子是父母的亲骨肉，但不是父母的附属品，孩子从懂事起就要走向独立，走向他自己的世界。孩子能早早、好好独立，是父母教育的成功。

◎ 你可以包办孩子的衣、食、住、行，但不可能包办孩子的成长、成才。

◎ 父母对孩子包办越多，孩子的包袱越重，自由越少，压力越大。

◎ 孩子能自理自强是自己的骄傲，也是父母的期盼。

◎ 在当今世界上，你可以等机会，但机会不会等你。

机会可以给你舞台，但并不能保证你成功。这一点，家长要懂得，更要让孩子懂得。

◎ 孩子想独立自主做事是好事，家长应给予充分肯定和鼓励，不要怕做不好，不要轻易去阻拦。要知道独立自主是健康人格的重要成因，它对孩子成长成功非常重要。

◎ 父母对孩子的事情包办越多，孩子的依赖思想就越重，以后自理自强能力就会越差。

◎ 站在成功前列的人，往往是善于利用时间的人。家长帮助孩子安排好学习时间，就会让孩子成为时间的主人，掌握生活的主动权。

◎ 父母留下的钱财越多，孩子成功、成才的几率往往越小。

◎ 父母要善于利用家庭生活中的各种机会，教育孩子，让他明白，时代可以给你机会，但不能保证你成功；领导可以给你岗位，但不能给你智慧；亲友可以给你关爱，但不能替代你行动。一个人如果自己腿软，靠着大树也站不直。世上许多职业都是平凡的，但绝不是平庸的。只要自己不平庸，在平凡岗位上也能光彩照人。

◎ 良好的自理能力能增强孩子的责任感和自信心，

为孩子将来独立生活、走向社会提供坚实保障，家长千万不要因为溺爱孩子而剥夺孩子自我锻炼自理能力的机会。

◎ 家长平时注重孩子学习能力的培养很重要，它往往影响孩子的一生。

要教育孩子入群、乐群、爱群

◎ 滴水融入大海才有力量，个人融入群体才有希望。这一思想，父母从小就要重视对孩子灌输。

◎ 孩子能入群、乐群、爱群是事业的希望，成功的保证。

◎ 孩子入群、乐群、爱群，不但是一种好的修养，更是一种能力和品格。亲和力是一个人的宝贵财富，是一个人走向成功的基础和保证。

◎ 要让孩子从小就懂得，人气就是财气，人缘就是财源，团结就是力量，融合才有希望。

◎ 孤独的生活环境难以培养出优秀的人才。

◎ 在欢乐的集体生活中，孩子能学到在父母身边学不到的东西，获得在家庭中难以收获的知识和兴趣。孩子的真正乐园在集体生活之中。

◎ 孩子们在一起玩耍免不了发生矛盾和冲突，家长一不要护短，二不要代替孩子解决问题。最好的办法是正确引导，鼓励孩子自己去解决与小伙伴之间的矛盾，在解决矛盾中增长能力，增进友谊。

培养孩子良好的生活习惯

◎ 家长要在细微之处，用心培养孩子良好的生活习惯。比如说用过的东西要放回原处，自己的用品及衣物要自己整理，不要乱扔果皮、纸屑，按时起床和睡觉，吃饭时不要讲话，不要躺着看书、看电视，等等。良好的习惯是一种素养，也是人生的一笔财富。

◎ 教育孩子养成良好的生活习惯，会让他一生受益。

◎ 让孩子养成良好的生活习惯、学习习惯非常重要。习惯成自然。有了“自然”，就有了“自觉”和“自律”，就有了成才的希望和基础。

◎ 看电视是孩子学习、生活的一部分，电视不能不看，但看电视的内容要有选择，时间要有节制，家长要用心帮孩子安排好。

◎ 网络已成为青少年生活的一部分，不让孩子接触网络不理智，也不现实。关键在于家长对此事要有清醒的认识，对孩子上网要科学引导和合理安排。

◎ 在日常生活中，家长要在细微小事上培养和教育孩子，让他养成良好的习惯。比如，得到别人帮助时要说“谢谢”，上车时要主动为需要帮助的人让座，上学时跟父母说“再见”，等等。

◎ 父母在日常生活中不要忽视孩子的一些小问题，要知道坏习惯都是由小问题积累起来的。比如，不爱吃的东西从来不吃，边吃东西边做作业，作业没做完就想去看电视，等等。什么是对的？什么是错的？应该怎么做？不应该怎么做？要在微小之处，指点孩子，提醒孩子，让孩子长见识、长觉悟。

让孩子吃点“苦”、受点“罪”有好处

◎“穷人的孩子早当家。”为什么？因为家里穷，父母要去挣钱，没时间照看孩子，孩子只好学着大人做事，久而久之，爱家思想树立了，持家本领学到了，自然地成了“当家人”。

◎ 没有挫折和曲折，就没有人的成熟和事业的成功。

◎ 父母宁肯自己吃尽千般苦，不让孩子受一时难，这种爱是伟大的。但孩子的成长环境并不是越舒服越好。庭院里遛不出千里马，花盆里长不出万年松。在许多时候，孩子吃点“苦”，受点“罪”，遭点挫折，对他的成长、成熟有益无害，有时甚至是非常必要、不可缺失的。父母让孩子温暖、舒适是爱，有时有意识地让他们吃点“苦”、受点“罪”，也是爱，而且是更有意义的爱。

◎ 不能因为怕孩子摔跤，就不让他学走路；也不能

因为怕孩子呛水，就不让他学游泳。敢于摔打，善于摔打，孩子才有力量，才有希望。

◎ 节义陋室出，俊才苦寒成，这是金玉良言，也是家教宝典。

◎ 在“甜水”里泡大的孩子最好要让他喝点“苦水”；在顺境中长大的孩子，要设法让他走点“弯路”。

◎ 磨难是人生的一部“经典”，它应该成为教育孩子的一本“书”，一本必读的“书”。

◎ 孩子的衣、食、住、行不要太优越、太高档，太优越、太高档就会使他从小接不上“地气”，丢失“人气”，这样对他的成长非常不利。

◎ 身在福中不知福，生在爱中不惜爱，这是现在不少孩子身上存在的一种“毛病”，一种令人深思、可怕的“现代毛病”。

◎ 一个孩子受不了委屈，经不起挫折，害怕艰苦，惧怕失败，是无法面对竞争激烈的世界的。家长一定要重视提高孩子应对挫折的能力。

◎ “福窝”里难育栋梁之材。这是育才之道，也是教子之道。

◎ 现在生活条件越来越好，许多孩子生在福中不知福,为了改变这种状况,让孩子懂得“艰难困苦,玉汝于成”的哲理,家长不妨花点钱为孩子买点“罪”受。要知道,现在“买罪受”,是为了将来“有福享”。

◎ 在寒冷天气里,家长把孩子关在温暖如春的屋子里是爱护孩子;让孩子去冰天雪地里锻炼锻炼,去做点事,也是爱护孩子。后一种爱护比前一种爱护更加实际、更加重要。没有后一种爱护,孩子人生的路很难走好。

◎ 社会总是在曲折、挫折中前进的,人生也不例外。所谓成熟和成功,不过是曲折、挫折历练的结果,作为父母,要想孩子有前途、有希望,一定要清醒地懂得这一点,努力实践这一点。

◎ 父母要赏识孩子的聪明,更要激励孩子努力奋斗。因为只有努力奋斗,才能决定他未来的命运。

孩子学做点家务事很有必要

◎ 父母要有意识地让孩子做点家务，在做家务中培养孩子对家的感情，对父母的感情，培养孩子持家、管家的意识。一个从不沾家务的孩子，长大后往往会冷落父母，冷落家庭。

◎ 父母对孩子的衣、食、住、行等琐事不要过多地包办、代劳，过多地包办、代劳，不利于培养他们自立自强的品质。孩子自己能做的事尽量让他自己做，不会做的事也鼓励他学着做。家长应该明白，孩子的自理自强能力，是他们走向社会，获得成功的重要保证。

◎ 在许多家庭里，不是孩子不愿做家务，而是家长不让他做，不放心他做，不给他机会做。结果孩子从小到大，娇生惯养，爱家护家的本领没有，自理自强的能力没有，虽然成人，但未“长大”。

◎ 孩子对家里的事漠不关心，不是好事，天长日久，会导致他冷落家庭，冷落父母。要知道，“护家才知父母恩”。孩子不愿做家务是谁造成的？父母造成的。是父母不让他做、不教他做的结果。

◎ 让孩子参加家务活动，既可以培养孩子持家、爱家的责任感，又可以培养孩子勤劳、节俭的优良品德。家长要在孩子学做家务上多下点功夫。

孩子能做的事让孩子自己做，家长不要代劳

◎ 在孩子走出家庭，走向社会之前，家长要有意识地培养孩子独立生活的能力，能做的事让孩子自己做，这一堂课上不好，孩子进入社会后会举步维艰，困难重重。

◎ 人生是孩子的人生，父母应让孩子尽快懂得人生，走进生活。未来是孩子的未来，父母应该努力为孩子的未来着想，努力培养孩子面对现实、独立自强的品质。

◎ 父母应该教育孩子学会生活，但不能包办他的生活，包办的结果是，孩子不是生活得更好而是更糟。

◎ 孩子能做的事一定要让他自己去做，孩子不能做的事大人要带着他去做，教他学着做。这样，天长日久，就培养了他自理自立的能力，不要小看这种能力，它可是孩子走向社会独立生活最基本的保证。

◎ 父母可以帮孩子做事，教孩子做事，但一定不能代替孩子做事。

◎ 家庭生活条件的改善，使得家长们越发宠爱自己的孩子。孩子什么事情都不用自己动手，都由父母甚至爷爷奶奶包办，对这种情况如果不引起重视，不加以改变，对孩子的健康成长有害无益。

培养孩子的自觉性与自律性

◎ 自觉与自律，是孩子成长中的一个重要问题，这个问题解决不好，孩子一生当中都难免险象丛生。一般说来，大多数孩子自觉性与自律性都比较差，正因为如此，管理起来才特别困难，常常让家长头痛。提高孩子的自觉性与自律性，光靠严管是不行的，因为“严”的结果往往是“行”服“心”不服，甚至是“行规”而“心伤”。理智的方法是，对孩子要恩威并用，虚实结合，以情动之，以理服之，以事树之。让孩子的自觉与自律在父母的关爱与呵护下，自觉、健康地成长起来。

◎ 要让孩子懂得，只要是对的，不管谁说的都一样服从；只要是错的，不管谁说的都一样改正。服理不服人，认理不认人。

◎ 自制力是控制自己、支配和调节自己的一种能力。孩子的自制力难以自发形成，需要父母耐心而细致地对孩子实行正确引导、教育。

◎ 如果孩子能重视自觉与自律，自己对自己进行约束，就会比父母苦口婆心的教育和急风暴雨式的训斥效果要好千万倍。而要达到这个目的，父母就要把教育的重心放在教会孩子勇于承担过错和责任上。

◎ 家长与其责备和命令孩子去为后果负责，不如身体力行地把该如何负责展示给孩子看，身教重于言传。

◎ 父母蹲下身子看孩子，才能走进孩子的内心世界，感受和体贴孩子心底最真实的想法，也只有在这时候，与孩子沟通、交流才能产生最好的效果。

要培养孩子做事专心专注的好习惯

◎ 针对孩子玩心重，做事不专心的特点，家长要用心培养孩子做事专心专注的好习惯，不要让孩子边做作业边玩游戏，边看电视边吃东西，等等。

◎ 孩子做事也好，学习也好，过程比结果更加重要。家长不能只重视结果而轻视过程，而应反过来。

◎ 父母要有意识地培养孩子的韧劲和毅力，鼓励他不达目的决不罢休，这对他未来成长成才特别重要。

◎ 孩子注意力不集中，并不是故意的，往往是因为他的学习能力发展不足，导致他没有办法去集中注意力。家长应该理解孩子，并积极想办法去帮助他提高学习能力。

◎ 注意力问题是孩子学习过程中常见的问题，它造成很多孩子学习成绩不佳，或者学习成绩长时间徘徊不前，也成了阻挡孩子快乐成长的拦路虎，解决这一问题，家长不要操之过急，而要科学分析，具体问题具体对待。

◎ 对于孩子成长过程中出现的做事不专注，有始无终的问题，家长一定不要盲目批评孩子没耐心，没毅力，而要认真想想如何才能帮助孩子找到问题的根源，改掉这个坏习惯。

◎ 孩子在做自己感兴趣的事的时候，总是能够全神贯注。家长要尊重孩子，不要轻易打断。家长要知道，能够专注做事本身就是一种优秀品质。专注的时间越久越好。在这种情况下，孩子拥有不被打断的权利。

◎ 孩子专注做事的能力都是后天在父母的培养下形成的。因此，父母要努力为孩子创造做事专注的良好环境。

◎ 孩子做事未达到父母希望时，父母往往会替孩子去完成，以求完美，这样做无形之中就会影响孩子做事专心专注的习惯的养成。

◎ 一切知识的学习都需要专心专注。专心专注是打开知识大门的钥匙，孩子的学习注意力不是天生的，而是后天培养出来的。

◎ 好成绩来自好的学习习惯。习惯决定一切。好的习惯成就美好的未来。对于孩子的学习来说，培养良好的学习习惯比什么都重要。

孩子做事"留尾巴"的习惯不好

◎ 有些孩子做事总是"留尾巴"，让大人给他擦屁股。父母不能听之任之。要知道，养成做事"留尾巴"的坏习惯，以后工作了会逃避责任，或者不尽责任。不要小看"留尾巴"这点小事情，弄不好影响他以后的大事业。

◎ 对孩子，要培养他自己对自己负责，也对他人负责、对社会负责的精神和品格，就要从小教育他做事要有头有尾，善始善终。哪怕收拾玩具、摆放铅笔一类的小事情也不例外。

◎ 习惯是一种难以摧毁的力量，它甚至可以左右人的一生。对于孩子来讲，好的习惯正是他通向成功的桥梁。家长在培养孩子习惯的时候应该认识到，家庭是培养好习惯的学校，父母是培养好习惯的老师。

不能孩子想要什么父母就给买什么

◎ 一切都满足孩子，一切都服从孩子，这种有求必应的做法，对孩子健康成长很不利。父母应该慎重而有选择地满足孩子的需求，该满足的满足，不该满足的一定不能满足。

◎ 为培养孩子父母舍得花钱是好事，但花钱要讲究“度”，讲究效果。如果把握不好这一点，往往适得其反。

◎ 金钱堆里出不了天才。

◎ 培养孩子，物质是条件，智慧、品格是根本。

◎ 给孩子买玩具，是许多家长的“家常饭”。买什么样的玩具，买多少，买来怎么玩，玩了怎么保管，等等，这一系列玩乐过程，都是启发和教育孩子的好时机。家长要善于抓住这一时机，对孩子进行潜移默化的教育。

◎ 贫困地区的孩子，买一件心爱的小玩具，珍惜无比。城里的许多孩子，买一大堆玩具，乱扔乱放不当回事。玩具给孩子带来兴趣和快乐，还应该带来什么？对此，家长对孩子不妨做点提示，如学会爱惜，学会收拾，甚至学会修理，等等。

◎ 孩子向父母要钱买东西，不能有求必应，也不能有求不应。“应”，要弄清究竟该不该买，买来以后怎么用好。“不应”，要讲清理由，让孩子理解。这样，孩子就能在一个“买”字上学到许多，收获许多。

◎ 家长舍得花钱给孩子买东西是爱孩子，舍得用功夫、花气力让孩子懂得珍惜钱物同样是爱孩子，而且更重要。

◎ 对学习努力的孩子，家长给点奖励无可厚非，但这奖励怎么给，却是值得考虑的问题。要使孩子明白他们做的事情只有达到预期目标了才能奖，不能让其形成“你要我做事，就得满足我的要求，否则不干”的“交易”的想法。

◎ 对孩子的奖励不能成为诱惑，也不能随便涨价，否则，就会带来负面影响。

◎ 家长的鼓励是孩子努力的一把标尺，如果只在学分上奖，会让孩子觉得家长只看中成绩，而忽视其他方面的学习和锻炼。

对待孩子的顶嘴不能简单粗暴

◎ 用"堵"和训斥的办法对待孩子的顶嘴，孩子会越顶越厉害；用"疏"和引导的办法对待孩子的顶嘴，孩子会逐渐地学会乖顺、平和。

◎ 孩子的许多缺点毛病不是在训斥中能改掉的，而是在引导、激励、启发和示范中改正的。

◎ 对孩子的管教，不是说得越多越具体越好，而是说得越巧妙越恰当越好。

◎ "婆婆嘴碎，媳妇耳闭。"同样，父母教育孩子说得太多、太碎、太絮叨，也会适得其反，好心办坏事。讲话要看时机，讲技巧，重效果，"话不投机半句多"。对症下药，找准钥匙开锁，效果才能事半功倍。

◎ 父母总喜欢孩子听话、乖顺，其实百依百顺未必都是好事。该顺的顺是好孩子，不该顺的不顺也是好孩子。父母的话也不一定全对，孩子的话也不一定全错。孩子敢讲话，讲真话，是好事；父母倾听孩子，鼓励、引导孩子，是责任。

◎ 敢讲话、讲真话的孩子是好孩子，父母不要因为孩子讲话有所不妥而过多斥责孩子，而应循循善诱，启发鼓励。

◎ 父母不尊重孩子的最典型的一个表现就是对孩子管制太多，也就是指导和干涉太多，这样做不利于孩子健康成长。

正确对待孩子的不听话

◎ 孩子不听话，家长一定要“冷处理”。首先，要想想自己说的话对不对，时机好不好，方法妥不妥。然后，细细分析一下孩子不听话的原因，找出有效的解决办法，这样顺藤摸瓜，水到渠成。

◎ 孩子不听话有思想认识问题，也有心理和生理发育过程中的问题，父母一定不要不分青红皂白地“打棍子”，要冷静分析，分别对待，理智处置。

◎ 对待不听话的孩子，父母训斥越厉害，指责越多，孩子逆反心理就越强，就越发与父母对抗、对立。这个问题，很值得父母自省与反思。

◎ 孩子不听话，往往因为父母不会说话，或不好好和孩子说话。许多事实告诉我们，没有不听话的孩子，只有不会说话的父母。

◎ 百依百顺的乖孩子，往往缺乏闯劲，往往缺乏创新精神。当父母的不要简单地用自己的尺子衡量孩子的优劣，更不要简单地用听不听话评价孩子的好坏。

◎ 对乱发脾气的孩子，父母不能乱“打棍子”。要冷静分析，区别对待，化解疏导。许多时候孩子乱发脾气，是父母忽视了他或不了解他的真正需求造成的。在这种情况下，父母如不反省自我，而去责怪孩子，往往会“火”上加油，事与愿违。

◎ 培养孩子的自我管理能力，是纠正孩子不听话行为的最有效方式，也是培养孩子责任心的重要途径。

◎ 当你觉得孩子不值得爱时，他就更需要你的爱。

孩子太自我不是好事

◎ 现在，许多家庭中几代人宠一个宝宝，这样的生长环境，很容易让孩子特别自我。自我有爱己的一面，更有害己的一面。人不自我不行，过分自我更不行。过分自我就必然会过分自私，而过分自私的人是很难融入群体，走向社会的。

◎ 父母如果溺爱孩子，孩子就会溺爱自我。

◎ 孩子生病，父母要精心照顾，但不能溺爱。溺爱生病的孩子，治好了他身体上的疾病，很可能让他滋长思想上、生活上的其他毛病。

不要小看孩子花钱大手大脚的坏习惯

◎ 孩子花钱大手大脚是许多父母的心病，除掉这个心病，首先要从父母自身做起。应该看到，花钱大手大脚，“病症”在孩子，“病根”在父母。

◎ “再穷不能穷教育，再富不能富孩子”这句话，应该成为所有关心教育、关心孩子、关心国家前途和命运的人们的座右铭。

◎ 不要小看孩子花钱大手大脚的小毛病，这个小毛病很可能成为影响孩子树立正确人生观的大问题。如果孩子从小就养成不讲拼搏讲虚荣、不讲贡献讲享受的坏习惯，久而久之，就可能误入人生歧途。

◎ 现在，许多孩子在家里优越感越来越强，地位越来越高，过着小皇帝似的生活。在这种情况下，家长如果不强化孩子的道德品德教育，不增强孩子意志毅力的磨炼，不重视艰苦奋斗精神的培养，孩子将来难以成才，甚至会走上邪路。

◎ 勤俭节约是一种责任，更是一种美德。父母如果铺张浪费，花钱大手大脚，就很难培养孩子节俭的良好习惯。

◎ 父母能让孩子真正懂得获取钱财的艰辛，这本身就是一笔极其珍贵的“钱财”。家庭再富有，也不能让孩子养成大手大脚乱花钱的坏习惯。

◎ 孩子有缺点并不可怕，可怕的是父母不能用正确的态度和方法帮助他。

让孩子养成勤俭的美德

◎ 勤俭是富裕的根基和保证，是一个人的美德。在人的生命历程中，勤俭有独特的生命活力和“抗菌”功能。孩子养成勤俭的美德，就是获得了人生财富。

◎ 孩子懂得克勤就不会堕落，懂得克俭就不会受穷。

◎ 勤俭，是一种美德，是孩子成功成才的一大保证。

◎ 没有勤俭的父母，难有勤俭的孩子。孩子的财富人生，首先是勤俭的人生；孩子的人生财富，首先是勤俭的财富。

◎ 父母不去培育孩子勤俭的品格，孩子就找不到致富的钥匙。

◎ 父母今天对孩子讲透勤俭的道理，孩子将来就会给父母送来富裕的果实。

◎ 谁不重视培养孩子勤俭的品德，谁就是甘愿看孩子受穷。

◎ 孩子有了勤俭的美德，父母不留给他们钱财，他们照样会富有；孩子缺乏勤俭的美德，父母即便给他们金山银山，他们照样会受苦受穷。

◎ 父母都希望给孩子铺就一条通往富有的道路，这条路的起点在哪儿？就在"勤俭"二字上。这条路的起始点找不到，找不准，其他一切都可能是空话。

◎ 在生活条件越来越好的今天，对孩子进行勤俭的教育，比以往任何时候都显得重要、迫切。

◎ 孩子从小要什么父母给什么，长大以后可能想要什么没有什么。

◎ 俭的本质意义不仅仅在节省钱物，它是一种生命态度，是一种生活品位。父母一定要告诉孩子，人生任何东西都不可以浪费，也都不应该浪费，要珍惜分分秒秒，点点滴滴，只有这样，才能活出一种精神，活出一种生活品位。

溺爱是害不是爱

◎ 现在小孩子很难管，难在哪儿？难在爱他的人太多，爱得太过。现在的小孩不听话，原因何在？原因在于大人不懂小孩的心，小孩就难听大人的话。

◎ 亲子之间，换位理解，换位思考，冲突就少。

◎ 笼中的鸟儿长不大，关起门来管的孩子长不好。

◎ 孩子是母亲的心头肉，母亲爱孩子胜过爱自己，打孩子等于打自己，孩子跟母亲特亲，母亲管教孩子也就特难。当然，因特亲，也有更能与孩子沟通的长处。

◎ 许多父母说，现在的孩子“长不大”。其实不是孩子“长不大”，而是家长不放手，不放心让他长大。

◎ 孩子的许多烦恼、压力、苦痛，往往来自家长过多的关爱和不恰当的管教。如果家长意识不到这一点，不努力克服这一点，孩子内心的抵触情绪和逆反心理会愈来愈强烈，孩子会愈来愈难以管教。切记，爱勿过，气宜疏。

◎ 家教难，难在哪里？难在家长既要摆正自己，又要懂得孩子。不摆正自己，不尽心尽力，失职；不懂得孩子，无的放矢，失误。

过多地包办代替，对孩子成长不利

◎ 在玩乐嬉闹中，家长一定要充分尊重孩子的兴趣、爱好和选择，不要轻易干涉。这样孩子内在的聪明、才智、兴趣、爱好才能在玩乐中充分展现出来。

◎ 家长对孩子不放心、不放手，往往会成为捆绑孩子成长的绳索。要知道，“绳索”捆绑不出人才，更捆绑不出天才。不大胆放飞，雄鹰难以翱翔蓝天。

◎ 愚昧的父母抱着孩子成长，聪明的父母手牵着孩子成长，智慧的父母鼓励和引导孩子成长。

◎ 父母一定要懂得这样的人生哲理：道路太平，孩子往往走不远；帮扶太多，孩子往往站不直。人生是孩子的人生，道路是孩子的道路，父母永远替代不了。该放飞的要放飞，该放手的要放手，该放心的要放心，这才是父母的最佳选择。

◎ 正确对待和处理孩子的逆反心理是孩子教育中的一个重要问题。应当看到，逆反期是青少年生命周期发展的必经阶段。对逆反期的孩子千万不要“强压”，“强压”会造成心理内伤。一般说来，采取理解、谅解、化解、和解的方法为宜。

要有意识地培养孩子的想象能力

重视培养孩子的创新意识

◎ 智商不等于智慧，我们希望孩子有好的智商，更要他有高的智慧。

◎ 孩子学习要用功，考上好学校，这是对的。但聪明不等于智慧，知识不等于见识，智商不等于情商，成绩不等于成功。面对当代的青少年，教育要有新观念、新视野。

◎ 家长必须强烈地意识到，孩子的希望在教育，教育的希望在于培养孩子的创新意识和创造精神，死记硬背式的教育远远不能适应现代的形势。

◎ 不从死记硬背的死胡同里彻底走出来，教育是没有希望的。死记硬背出不了当今需要的有创造精神的人才。

◎ 家长要学会放手，给孩子一片信任和自由的天空，让孩子充分地发挥创造精神。

重视培养孩子的想象能力

◎ 真实的世界是有限的，想象的世界是无穷的。伟大的科学家、发明家、文学家、艺术家都是在无限的想象空间中创造出人间奇迹的。为了孩子的成功，家长一定要开发孩子的美好想象空间，培养孩子无限的想象力。

◎ 经典范文让孩子多读多背是必要的，但更重要的是，在孩子学习经典时要千方百计开发孩子天真烂漫的想象空间，让他产生浓厚的学习兴趣。

◎ 贫瘠的土地难有丰硕的果实，要培养智慧的孩子，父母一定要努力提升自己的智慧。

◎ 没有夸奖就没有教育，对孩子尤其是这样。教育家陶行知深刻地指出，教育孩子全部的秘密就在于相信孩子和理解孩子。而相信和理解孩子，首先就要学会夸奖孩子。

◎ 夸奖孩子是一门学问。要夸得准确、及时、具体，防止无的放矢，言过其实。

兴趣和快乐是孩子成功的保证

◎ 孩子的许多“错误”，往往和他的求知欲、好奇心、兴趣、童心联系在一起，而这些东西是他们认识世界，走向社会最宝贵的财富。家长应高度关注，正确对待，千万不要轻易“打雷”“下雨”，伤害孩子的兴趣和积极性。

◎ 兴趣爱好是孩子一切成功的基本保证，家长要无比珍惜孩子的兴趣爱好，鼓励他做好自己喜欢做的事情，做一件，成一件。

◎ 父母一要特别关心孩子的身体健康，没有健康就没有一切。二要特别关心孩子的品德和兴趣爱好，没有好的品德和兴趣爱好，其他方面有了也等于没有。

◎ 孩童无知本无错，家长理当懂责任。在孩童眼里，外界的一切都是新鲜的、奇妙的、有趣的。求知、好奇是他们的天性。他们天真无邪，无是非观，也不知对错。家长一定要了解孩子的这个特点，细心观察，热情鼓励，精心指导、引导。

◎ 好奇、好学、好问是孩子的天性，有些家长为了自己省心，为了孩子的安全，往往给孩子下许许多多条禁令：该学的也不敢让孩子去学，该做的也不放心孩子去做，该问的也不许孩子去问。孩子成长需要安全，但为了安全也不要影响孩子经风雨，见世面。精心保护好孩子的好奇、好问的天性，是家长们的天职。要知道，天性伤害容易，恢复难。

◎ 孩子贪玩是很正常的，是天性。父母要在孩子玩中发现他的兴趣爱好，加以教育和引导，让他在玩中得到快乐，学到知识，增长见识，懂得道理。

◎ 兴趣是最好的老师，孩子在做自己喜欢的事情时，总会很投入，而对不感兴趣的东西总会找借口搪塞。家长不妨多观察孩子的兴趣爱好，试着用孩子的兴趣爱好激发他做事的积极性。

◎ 孩子学习如果没有快乐和兴趣，就难有自觉性和动力，也就谈不上成效。

◎ 孩子的童心、童趣是非常宝贵的，它使孩子有独特的想象力，大人不要轻易用自己的认识、趣味否定它，替代它。

◎ 要想孩子学习能记得住，家长就要想法调动孩子记忆的“动力”，比如说，给“兴趣”，给“形象”，给“奖励”，给“引导”，给“压力”，等等，记忆的“动力”越大，学习的效果会越好。

◎ 对家长和孩子来说，好的学习成绩是重要的，但更重要的是孩子能在学习中获得快乐和兴趣，提高思维能力和创新能力。

◎ 不能为了孩子将来的成功和快乐，损害他现在的兴趣和快乐，孩子如果现在不快乐，将来也就难以快乐。

◎ 在许多情况下，人与人相比不是比聪明才智，而是比意志毅力；很多时候，真正的知识来自比课堂大得多的生活本身。让孩子守住对知识的兴趣，护住自己的健康身体，是非常重要的。

◎ 对于刚进校门不久的孩子来说，不只是学习知识，更重要的是培养浓厚的学习兴趣，培养良好的学习习惯。爱学习、会学习的孩子才会取得成功。

◎ 学习能力决定学习成绩，学习能力成就孩子的未来。

要创造机会让孩子自己教育自己

◎ 让孩子学会用实际生活这本书自己教育自己，比父母口头说教更有效。

◎ 孩子往往是在波折和曲折当中逐渐长大成熟的。

◎ 明智的父母会创造和利用机会让孩子自己教育自己，而自己却悄悄离开“讲台”。

◎ 在感悟人生旅途的艰辛上父母比孩子感受深，在感应时代步伐的频率上孩子比父母反应灵，因此父母在教育孩子时，一定要找到“深”与“灵”的融合点，才能事半功倍。

◎ 家长要孩子快乐地接受爱，也要让孩子自由地付出爱，每个孩子都有自己的兴趣、爱好、追求和需要，家长一定要给他们充分的空间和时间，否则他们就会受到压抑、束缚，就会对家长的爱产生抵触和不满，产生无形的抗争力。这就是爱与被爱的撞击。

家教要不断更新理念和方法

◎ 父母不能只用上一代的思维，来想新一代的世界。否则，不是思维不适应世界，就是世界排斥思维。二者非打架不可。

◎ 变化的时代，一定要有适应变化的教育理念和方法。

◎ 在学校里课堂考试得高分的孩子，在社会实践的课堂上未必得高分。学习的真正高分是生存、生活的高分。对于孩子，书本学习很重要，而社会实践更加重要。

◎ 现在无论是家长还是学校，都有重文化成绩而轻德育、体能、技能教育的现象，而在这样的环境下，很难培养出时代需要的优秀人才。

◎ 家庭是孩子人生的第一个“落脚点”，“落脚”是为了“远征”，父母为孩子“远征”要准备许多许多，但最重要的是要让孩子能坚强地走出门，独立生活，勇敢前行。

◎ 孩子进入学校，是为了走出学校。培养孩子不但要考虑他在校学得好不好，更要想到他这样学将来走出去行不行。

◎ 学校是社会的前一站，评定孩子在校学习好与差，学校有发言权，社会实践更有发言权，而且有更重要的发言权。

说在后面

我的人生系列丛书《笑语人生》《哲语人生》《警语人生》由苏州大学出版社出版发行后，广大读者争相购阅，许多人看了以后都有“相见恨晚”之感，有的人感慨地说，“真是‘好语’知时节，‘当春’乃发生啊！”此情此景，让我兴奋，令我感动。

对于人生系列丛书的写作，我曾写过一首诗，题目是《三笑心语》：“峥嵘岁月几十秋，世间万象心中留，十年心血铸‘三语’，只为世人解烦忧。”（“三语”指人生系列丛书《笑语人生》《哲语人生》《警语人生》）这首诗虽短，但它道出了我的心声。江苏省广电厅原副厅长，全国广电系统著名专家、学者，我尊敬的老领导韩泽先生看了诗后，说：“短短28个字，概括了创作基础、创作过程、创作成果与创作目的，精彩！”著名国画家、我的好友冉玲先生看了诗作后,激动不已,夜不能寐,他以此诗为题,特地为我创作了一幅国画,赠之……

读者的赞许,朋友的鼓励,归纳起来是两点:一是“三语”是好书,它是人们期盼已久的“正能量”。二是希望我多写,让大家早日看到我的人生系列丛书上“四语”“五语”。

就这样,为了不负众望,经过艰苦努力,我的人生系列丛书之四《家教心语》,终于应“呼”而出。

三笑

2014 年 3 月 5 日